Dieses Buch ist meinen Eltern gewidmet.
Sie haben viel Energie und Geduld in meine persönliche Entwicklung
gesetzt und mich zu dem gemacht, was ich heute bin.

Mein Dank an euch!

Vorwort

Die Gewährleistung von größtmöglicher Sicherheit bei Kindern und Jugendlichen, stellt für das Lehrende und nicht lehrende Personal eine stetige Herausforderung dar. Gerade dann, wenn es um das Thema Gewaltprävention geht. Um den Anforderungen gerecht zu werden, ist dabei besonders die ständige Wachsamkeit bzgl. der verschiedenen Gefahrenquellen, die auftreten können, erforderlich.

Das Hauptaugenmerk liegt hierbei vor allem in der Prävention und die Durchführung von klar abgestimmten Maßnahmen. Als Anbieter von speziell abgestimmten Projekten im Bereich der Gewaltprävention, ist es mein persönliches Anliegen, eine nachhaltige Grundlage und Perspektive zu schaffen.

Denn durch handlungsorientierte Unterrichtsmethoden, kann ich Erfolgserlebnisse vermitteln und so soziale Kompetenz für den Umgang mit sich und andere schaffen. Außenseiter kann ich so besser in die Gruppe integrieren und die Kommunikationsfähigkeit der einzelnen Gruppenmitglieder trainieren. Dies gelingt mir persönlich durch die Anwendung spezieller Themenbereiche wie zum Beispiel das Kampfkunst- und Survivaltraining.

Nach fünfzehn Jahren erfolgreicher Projektdurchführung, schaue ich auf eine positive Bilanz zurück. Dies bestärkt mich immer wieder auf das neue, in diesem Themenbereich unaufhaltsam weiterzumachen. Denn die positive Resonanz dieser Projekte ist hoch und setzt stetig neue Maßstäbe und Ziele für mich. Aufgrund der vielen Gespräche und der stetigen Frage: „Was kann ich tun?", ist daraus dieser kurzen Handlungsleitfaden entstanden, der die wichtigsten Grundlagen vermittelt und für alle leicht verständlich ist.

Aufgrund dieser vielen Erfahrungen, hat mich mein Mentor Bernd Höhle dazu ermutigt, diese zu Papier zu bringen. Durch seinen Zuspruch und seiner direkten Hilfe ist dieses Buch entstanden, wofür ich ihm sehr dankbar bin. Ich hoffe das ich mit diesem Buch viele Menschen anspreche und einen wichtigen Teil dazu beitragen kann, die ein oder andere Sichtweise im Präventiven Rahmen zu schaffen.

Danny Koch
Präventionstrainer und Projektleiter
„Institut für Jugendförderung"

* persönliche Anmerkung

Betreuer, Assistenten, Trainer, Lehrer und Pädagogen bezeichne ich in diesem Handlungsleitfaden zusammenfassend als Lehrpersonal, wodurch sich ein jeder angesprochen fühlen kann.

Bibliographische Information der Deutschen Nationalbibliothek:
Die Deutsche Nationalbibliothek verzeichnet diese Publikation
in der Deutschen Nationalbibliografie, detaillierte bibliografische
Daten sind im Internet über http://www.dnb.dnb.de abrufbar

Herstellung und Verlag
BoD – Books on Demand, Norderstedt

ISBN: 9783749465941

Inhalt

Projektpartner

Wie eben bereits beschrieben, beziehe auch ich mein Wissen aus anderen Quellen. Ein Netzwerk von Menschen aus den unterschiedlichsten Bereichen ist auch für mich dazu zwingend förderlich. So möchte ich an dieser Stelle auch auf den für mich wichtigsten Partner in diesem Themenfeld noch „dankend" eingehen, welcher auch zeitgleich Co Autor dieses Buches ist.

Seit vielen Jahren bestehen die gleichen Interessen in der Werteerziehung und der Vermittlung von sozialer Kompetenz. So hat auch Bernd Höhle aus Stadthagen über viele Jahre hinweg ein Refugium in diesem Bereich geschaffen. Mit seinem Projekt „Team & Leadership Training Akademie" setzt er intensive Maßstäbe in den es um Dinge, wie zum Beispiel die Potenzial Entfaltung, Charakterschulung, Persönlichkeitsentwicklung oder Grenzerweiterung geht.

Er spricht gezielt Trainer, Lehrer, Pädagogen an um sie als Multiplikatoren für notwendiges Wissen gewinnen zu können. In diesem Zusammenspiel streben wir die gezielte Erweiterung unserer Konzepte zu einem „Berufsverband für Coaches, Lehrer und Pädagogen" an, welcher eine wichtige Plattform im Präventiven Bereich bietet.

„Jedes Ziel, das man anvisiert hat auch Hindernisse. Hindernisse, die mit Steinen zu vergleichen sind, die man auf dem Weg dorthin wegräumen muss, um es zu erreichen. Auch Umwege müssen dabei stets in Kauf genommen werden. Aber oft sind es diese Umwege, die einem erst unglaubliche Erfahrungen und Erlebnisse ermöglichen und zu teil werden lassen. So werden diese Wege trotz der Hindernisse erst wertvoll".

Bernd Höhle

6

Das Thema „Gewalt"

Gewalt ist ein gesamtgesellschaftliches Problem. Und so wurde in den letzten Jahren immer häufiger in den Medien davon berichtet. Gewalt taucht letztendlich in unterschiedlicher Form auf, egal ob physisch oder psychisch.

Beispielsweise ist eine Schule im Prinzip rechtlich dazu verpflichtet, Maßnahmen zu ergreifen, welche helfen sollen, dass bestimmte Gewaltformen verhindert werden. In vielen Schulgesetzen bzw. im allgemeinen „Bildungsauftrag einer Schule" wird betont, dass es Aufgabe der Schule sei, den Schülerinnen und Schülern „Wertvorstellungen zu vermitteln" und somit beispielsweise dazu anzuleiten, „Konflikte vernunftgemäß zu lösen, aber auch Konflikte zu ertragen."

Und Bekanntermaßen ist es außerordentlich wichtig, dass bereits bei Kindern im Grundschulalter frühzeitig präventive Maßnahmen einzuleiten sind, um Gewalt vorzubeugen. Kinder in diesem Alter besitzen häufig noch keine gefestigten sozialen Fertigkeiten. Daher müssen diese regelmäßig trainiert werden.

Das Lehrpersonal sollte sich deshalb darin im Klaren sein, dass alles getan werden muss, damit Gewalt weiterhin keine große Rolle im Alltag spielt und die Anzahl der Konfliktvorfälle geringgehalten werden kann. Doch es steht genau an dieser Stelle die Frage im Raum: Liegt es denn an der Schule, dem Lehrpersonal oder der Unterrichtsmethode und deren Inhalt, dass das Thema Gewalt immer wieder in den Focus gerät?

Aufgrund vieler Tatsachen und meiner persönlichen Erfahrung, kann ich dies an dieser Stelle verneinen und mich darauf beziehen, dass die Ursachen hierfür allgemein in der heutigen Gesellschaft zu suchen sind

Tatsachen

Seit Jahren wird eine pädagogische Diskussion über die Zunahme von Gewalt und den Anstieg von Konflikten in der Jugendarbeit geführt. Die Ergebnisse der Umfragen, Pilotprojekte und Konferenzen zum Thema „Gewalt" sind häufig unbefriedigend, weil ein negativer und eingeschränkter Konfliktbegriff zum Ausgangspunkt pädagogischen Handelns gemacht wird. Konflikte werden in diesem Zusammenhang grundsätzlich als störend, bedrohlich und destruktiv betrachtet.

Die Aufmerksamkeit konzentriert sich zumeist auf dramatische Aktionen oder Gewalttaten. Häufig wird überhaupt erst über einen Umgang mit Konflikten nachgedacht, wenn eine Gewalttat bekannt wird und öffentlich dargestellt wird. Mit traditionellen pädagogischen Mitteln wird dann daran gearbeitet, um weitere Zuspitzungen zu vermeiden. Sobald einige Zeit verstrichen ist, geht das öffentliche Interesse und in der Regel auch die Finanzierung solcher Präventionsprojekte zurück. Beim nächsten Eklat beginnt die Diskussion erneut.

Um aus dieser Sackgasse herauszukommen, ist ein grundlegender Wandel im Herangehen an solche Fragen notwendig. Das Hauptproblem ist dabei nicht die zunehmende Gewaltbereitschaft von Kindern und Jugendlichen, sondern die Tatsache, dass unsere Lösungen für Konflikte und unser Herangehen an Konfliktlösungen unzulänglich sind. Die zunehmende Komplexität der Gesellschaft und die wachsenden Anforderungen an Kinder und Jugendliche zwingen uns dazu, unsere Methoden der Konfliktlösung zu überdenken und nach neuen Wegen und Methoden zu suchen.

Diese Notwendigkeit ergibt sich aus den schon länger laufenden, aber sich in den letzten Jahren verstärkenden gesellschaftlichen Prozessen der Individualisierung.

Die traditionellen Milieus, Familienstrukturen und Nachbar-schaftsverhältnisse, welche Orientierungs-, Sinngebungs- und Konfliktregulierungsfunktionen erfüllten, haben sich mehr und mehr verändert und teilweise aufgelöst. Dieser gesellschaftliche Wandel bietet einerseits Chancen zur größeren Selbstverwirklichung, andererseits erhöhen sich für das Individuum Leistungsdruck und Konkurrenz, was vor allem für Kinder und Jugendliche zum Problem werden kann.

Problematik

Aufgrund der Tatsache, dass das Lehrpersonal ständig vor neuen Herausforderungen steht, was Kinder und Jugendliche im Einzelnen betrifft, ist es nur selbstverständlich, dass auch sie sich stetig Hilfe von außerhalb suchen. Tatsache ist, dass das Lehrpersonal mehr denn je in der heutigen Gegenwart damit beschäftigt ist, sich um die vorhandenen oder auch nicht vorhandenen Interessen von Kindern und Jugendlichen im privaten Bereich kümmern zu müssen.

Nachfolgend soll dies kein Vorwurf sein, aber es ist eine traurige Gewissheit, dass das Lehrpersonal mittlerweile die Rolle der Eltern übernommen hat. Einfache Prinzipien wie Bitte, Danke oder die Selbstverständlichkeit einen Stuhl wieder an den Tisch zu stellen, sind bei den Kids kaum vorhanden. Ein Dilemma, welches sich darin wieder Spiegelt, dass das Lehrpersonal erst einmal mehr mit sozialen Werten im Unterricht, in den Pausen, als auch nach Feierabend damit beschäftigt ist, als mit dem eigentlichen Lehrplan.

Wut als Ursache

Wenn eine Situation eskaliert, ist grundsätzlich Wut mit im Spiel. Sie manifestiert sich in unterschiedlichen Formen. Und dies beim Angreifer als auch beim Verteidiger. Wut kann Menschen als Gewaltverbrecher erscheinen lassen, jemand anderen rettet sie oder den nächsten kann sie zum Helden werden lassen. Doch warum lässt die Wut den Menschen so unterschiedlich reagieren und was aktiviert sie?

Tatsache ist, dass jeder Mensch die Fähigkeit besitzt und haben muss, Gewalttätig zu werden was letztendlich auch lebensnotwendig ist. Extremsituationen überfluten uns mit Wut in einer besonderen Form von Energie, wie es sonst keine andere im menschlichen Körper gibt. Der Grund dafür ist, dass die Wut im wahrsten Sinne des Wortes schneller reagiert, als unser Gehirn denken kann und dies ist Überlebenswichtig. Es kann aber auch extrem gefährlich werden, wenn die falschen Leute zur falschen Zeit am falschen Ort wütend werden.

Der beginn für Wut sitzt im Hypothalamus (lebenswichtiger Teil des Zwischenhirns), einer winzigen Region im Gehirn, welche die Funktionen für Hunger, Durst und unser Sexualverhalten völlig automatisch steuert. Dennoch werden bewusste Entscheidungen in der Großhirnrinde gefällt und die brauchen deutlich länger.

Die Auslöser für Wut werden instinktiv ausgelöst, wenn das eigene Leben, die eigene Gesundheit oder die Sicherheit der Familie auf dem Spiel steht. Wir werden wütend, wenn jemand unsere Grenzen verletzt oder unsere Freiheit und unseren Besitz gefährdet. Wenn die Wut einmal aktiviert ist, können unsere Reaktionen völlig unverhältnismäßig sein.

Drängelt jemand zum Beispiel einfach vor, wird der Punkt der sozialen Ordnung aktiviert, welcher ein extrem wichtiger Mechanismus ist, der das friedliche Zusammenleben garantieren soll. Wir werden einfach wütend, wenn jemand gegen unsere gesellschaftlichen Regeln verstößt.

Im Grunde ist es so, dass wir dasselbe Gehirn haben wie unsere Vorfahren vor einigen Tausend Jahren, haben aber eine völlig andere Umgebung. Und diese sorgt für eine Reizüberflutung, die vom Mensch selbst paradoxerweise geschaffen wurde.

Als vor 100 000 Jahren der Freiheitstrigger im Gehirn unserer Vorfahren ihnen die enorme Kraft verliehen hat, sich aus dem Gebiss eines Krokodils zu befreien, hat dieser zu diesem Zeitpunkt noch nicht an Staus auf der Autobahn gedacht. Hier versucht jeder der erste zu sein, was unweigerlich von Drängeln begleitet und bei dem gegenüber zu Wut führt.

Doch diese Wut sollte eigentlich dem Überlebensinstinkt dienen, der hier nicht notwendig ist, da alle im selben Stau stehen und nicht wirklich um das Überleben kämpfen müssen. Ein absoluter Konfrontationskurs. Reizüberflutung und ein stressiger Lebensstiel führen somit zu Aussetzer in Menschen. Wir laufen im wahrsten Sinne des Wortes Amok.

Im Nachfolgenden werden die neun Gesetze der Wut definiert:

1. **Leib und Leben**
   Essenziell für uns Menschen. Sind Leib und Leben in Gefahr, werden enorme Kräfte freigesetzt.

2. **Beleidigung**
   Der Stärkere bestimmt. Der Mensch versucht verbal die Oberhand zu gewinnen.

3. **Familie**
   Mütter können übermenschliche Kräfte entwickeln und Autos anheben, um ihr Kind zu befreien.

4. **Territorium**
   Jeder verteidigt sein Besitz (Revier) gegen Feinde.

5. **Partner**
   Im Tierreich ist Gewalt üblich um einen Partner zu finden oder um ihn zu verteidigen. Beim Mensch ist die Eifersucht der Schlüsselpunkt dazu.

6. **Soziale Gerechtigkeit**
   Der Mensch hat diese Regel perfektioniert. Zum Beispiel staatliche Gewalt (Geldstrafe, Gefängnis) gegen Verstöße.

7. **Besitz**
   Die Wahrung von Besitz (Essen, Werkzeuge, persönliche Gegenstände) war vor Jahrtausenden überlebenswichtig. In der heutigen Zeit kann dies zu einer noch schlimmeren Situation führen.

8. **Gruppe**
   Jeder Mensch ist einer Gruppe zugehörig (politisch, religiös oder emotional). Wir diese Gruppe Angegriffen, verteidigen wir sie.

9. **Freiheit**
   Jedes Lebewesen welches gefangen gehalten wird, will freikommen.

Basis der Prävention

Das Problem des Schweigens im Umgang mit Gewalt

Das Lehrpersonal als auch die Eltern selbst, tun sich teilweise schwer, mit dem Thema offen umzugehen. Egal ob es in der jeweiligen Situation sie selbst betrifft oder die Kids. Opfer von Gewalterfahrungen schweigen bisweilen aus Scham- oder Schuldgefühlen, weil sie das Erlebte als persönliches Versagen bewerten. Schließlich sind die Menschen, von denen sie verbal oder körperlich attackiert wurden, meist diejenigen, die ihnen anvertraut wurden, die besten Freunde sind oder man mit ihnen eigentlich gar nichts zu tun hat.

Oder Übergriffe werden als unveränderbare und hinzunehmende Belastung wahrgenommen, weil aggressive Verhaltensweisen der Menschen oft Teil ihres Bildes selbst sind. Diese Tabuisierung des Themas behindert jedoch die Prävention. Gewalterfahrungen sind nicht einfach hinzunehmen, sondern so weit wie möglich zu minimieren. Opfer von Übergriffen sollten immer professionelle Hilfe erhalten. Dadurch gewinnt man wichtige Erkenntnisse für die künftige Vorsorge.

Das darüber Reden ist für alle Beteiligten der Schlüssel zu allem!

Schlagwort: **Umdenken**

Es gibt immer wieder einzelne, die sich nicht mitnehmen lassen wollen. Viele sehen ein Ausmaß an Gewalt als normal an. Manche kommen auch mit einer inneren Abwehrhaltung an: „Ich weiß schon, wie ich klarkomme und mich im Zweifelsfall wehren kann".

Hier gilt es eine neue Sicht von Professionalität zu vermitteln. Es geht eben nicht darum, wer sich am besten Durchsetzten oder am meisten aushalten kann. Es geht um Sensibilität und Empathie.

Arbeitsmethoden

Erste Maßnahme

Stärkung der Sozialkompetenz

Ein wichtiger Aspekt der Gewaltprävention ist die Stärkung der sozialen Kompetenzen. Jedes Kind muss darin unterstützt werden, ein positives Selbstbewusstsein zu entwickeln. Kinder müssen lernen, eigene Stärken zu erkennen und Schwächen bei sich und anderen zu akzeptieren. Weiterhin gehört zur Schulung der Sozialkompetenz, dass die Schülerinnen und Schüler den Wechsel von Perspektiven nachvollziehen können, dass sie lernen, sich in andere hineinzuversetzen, eigene Gefühle zu verbalisieren und Gefühle anderer zu akzeptieren sowie sich unter Berücksichtigung der Wünsche anderer durchsetzen zu können (Nein zu sagen).

Sie sollen Möglichkeiten kennen, Konflikte gewaltfrei zu lösen. Die aufgeführten Aspekte zur Stärkung der Sozialkompetenz sind als übergeordnete Unterrichtsprinzipien zu betrachten, d.h. sie sollten im alltäglichen Schulleben eine bedeutende Rolle spielen und werden im Miteinander aus- und ggf. eingeübt.

Dies ist nach unseren Erfahrungen in den ersten Jahren weg begleitend auch durchführbar. An dieser Stelle sei zu erwähnen, dass das Lehrpersonal dies natürlich nicht alleine bewältigen kann. Die Tatsache, dass der stetige versuch besteht auch die Eltern mit ins Boot zu holen, erweist sich meist als sehr schwierig bis hin zu unmöglich.

Uneinsichtig, Sprachbarrieren, der Irrglaube das sich das eigene Kind nie falsch verhält oder die Machtlosigkeit der Eltern im Umgang gegenüber dem eigenen Kind selbst, sind dabei nur kleine Beispiele, welche als zunehmende Erfahrungen vom Lehrpersonal gemacht werden.

Meine persönlichen Erfahrungen, die ich im Laufe der Zeit machen konnte, ist es, dass Kinder heutzutage als Individualisten erzogen werden und es auch so direkt vorgelebt bekommen. Folgerung: Auf dem Weg zum Erwachsen werden haben sie es dann schwer sich bestimmten Dingen bzw. Regeln auch zu fügen oder dem anzupassen. Die Grenzen von einem klaren „Ja" oder „Nein" verschmelzen zu einem Wirrwarr von Uneinsichtig bis hin zu Ignoranz. Dabei liegt es klar auf der Hand, wer am Ende die Leittragenden sind.

Grundlagen der primären Prävention am Kind

Selbstwahrnehmung

Sich selber kennenlernen, um mit diesem Wissen auch ihre eigenen Grenzen zu benennen und auch durchsetzen zu können. Hierfür ist es wichtig, dass sie ihren eigenen Körper kennen sowie ihre eigenen Gefühle verstehen.

Selbstwirksamkeit

Erfahrungen, dass ihre Wünsche, Grenzen und Bedürfnisse auf eine positive Anerkennung treffen. Erst dadurch können sie erlernen, dass sie als Mensch ernst genommen werden, dass ihre Meinung etwas zählt und dass es sich lohnt zu handeln. Aus diesem Grunde werden Ideen der Kinder gefördert und ihre Meinung wird anerkannt. Sie sollen lernen und dabei unterstützt werden „Nein" zu sagen.

Soziale Fertigkeiten

Um einen Schutzraum anbieten zu können ist es ebenso wichtig, dass man auch untereinander einen entsprechenden Umgang pflegt. Die Kinder sollen lernen Konflikte, ohne Gewalt zu lösen, sie sollen einfühlsam auf andere Kinder eingehen können, Gefahren erkennen und wissen, wie sie sich selber Hilfe holen können. Auch ist es wichtig, dass die Kinder ihre Rechte gegenüber den Erwachsenen kennen und wissen, wo und bei wem sie sich beschweren können.

Authentizität

Um präventiven Schutz zu gewährleisten ist es wichtig, dass die erwachsenen Menschen ihnen einen vernünftigen Umgang miteinander authentisch vorleben. Einer der wichtigsten Punkte überhaupt, welcher zu beachten ist.

Partizipation (Mitteilung / Mitbestimmung)

Durch die Partizipation der Kinder und Jugendlichen, soll diesen zum einen die Wertschätzung und die damit einhergehende Selbstwertestärkung ermöglicht werden, aber auch eine politische, demokratische Bildung sowie das Erlernen von Kommunikation in der Gruppe erreicht werden. Dies ist in diesem Rahmen als Präventionsmaßnahme zu sehen, da nicht nur der Selbstwert und die Selbstwirksamkeit gesteigert wird, sondern auch aufgezeigt wird, dass sie und ihre Meinungen der Gemeinschaft wichtig sind.

Dabei bedeutet Partizipation für uns eine Beteiligung im Sinne von Mitwirkung, Mitgestaltung und Mitbestimmung zu Themen, die die Mitwirkenden betreffen. Sie zeichnet sich aus durch eine ergebnisoffene Situation, bei der die Willensbildung gemeinsam erfolgt. Dabei unterscheiden wir direkte und indirekte Formen der Mitbestimmung. Unter indirekter Partizipation verstehen wir, dass wir sowohl auf die Wünsche als auch die Bedürfnisse der Kids im Alltag eingehen, diese mit ihnen thematisieren und gemeinsam eine Lösungsstruktur erarbeiten (z.B. in Einzelgesprächen, Morgenkreis, u.ä.).

Das Bewusstsein zur Stärkung der Rechte von Kindern

Die wichtigsten Rechte sollten für alle klar erkennbar, besprochen und gemeinsam abgestimmt sein. Diese sind dabei in Anlehnung an die Kinderrechte der UN zu beachten und sollten als Vorbild dienen. Diese wurden für die Kinder verständlich formuliert und wenn möglich sollten diese auf die Situation im eigenen Umfeld ausgelegt sein. Gemeinsam mit den Kindern sollten sie in den einzelnen Gruppen jährlich zu Beginn des Schuljahres als Gruppenregel aufgestellt werden.

Recht auf Gleichheit

Alle Kinder haben die gleichen Rechte, keines darf aus irgendwelchen Gründen „diskriminiert", also benachteiligt werden. Egal ob du ein Junge oder Mädchen bist, egal, aus welchem Land du stammst, welche Hautfarbe oder Religion du hast, welche Sprache du sprichst, egal, ob du eine Behinderung hast oder nicht, egal, was deine Eltern tun. Du bist genauso viel wert wie jedes andere Kind auch.

Recht auf Zuwendung und Fürsorge

Du hast das Recht, ohne Not aufzuwachsen, mit ausreichend zu essen und zu trinken, mit sauberer Kleidung und mit einem Dach über dem Kopf, dass dir Geborgenheit gibt. Du hast ein Recht darauf, dass deine Eltern für dich sorgen. Dabei haben deine Eltern und hast du ein Recht auf Unterstützung und Hilfe.

Recht auf Gesundheit

Du hast das Recht, gesund zu leben. Damit du gesund bleiben kannst, braucht dein Körper Nahrung und Sauberkeit. Und wenn du doch einmal krank bist, hast du ein Recht auf Hilfe und Betreuung – auch durch einen Arzt oder ein Krankenhaus, wenn das notwendig ist.

Recht auf Gewaltfreiheit und Schutz

Dein Körper gehört dir. Kein Erwachsener und kein Kind darf dir absichtlich weh tun, nicht mit Worten und nicht mit Taten. Niemand darf dich zu etwas zwingen, wovor du dich fürchtest oder was dir unangenehm ist. Wenn dir jemand etwas schenkt, ist das umsonst und du musst nichts dafür tun. Es ist immer richtig, was du fühlst. Wenn du dich unwohl fühlst, du Angst hast oder etwas für dich schwierig ist, dann hast du das Recht, dir Hilfe zu holen. Und wenn du beobachtest, dass jemand anderes Hilfe braucht, kannst auch du helfen. Das musst du nicht unbedingt alleine tun, du kannst andere fragen, ob sie dich unterstützen.

Recht auf Bildung und Information

Du hast das Recht, einen Kindergarten und eine Schule zu besuchen. Später darfst du einen Beruf lernen, der dir Spaß macht und zu dir passt. Der Kindergarten und der Hort helfen dir, dich auf das Leben und die Schule vorzubereiten. Du hast das Recht, dich zu informieren: zum Beispiel durch Zeitungen, Bücher, Fernseh- und Radioprogramme oder das Internet.

Recht auf Unterstützung deiner Persönlichkeit und auf Beteiligung

Du bist einzigartig: mit deinen Stärken, deiner Meinung, deinem Glauben. Das darf dir niemand nehmen, im Gegenteil: du verdienst es, dass man dich so wie du bist unterstützt! Du hast ein Recht, frei deine Meinung vor Kindern und Erwachsenen zu sagen und deine Wünsche zu äußern – und darauf, dass man dir zuhört.

Recht auf Privatheit

Du hast das Recht, dass dein Privatleben geachtet wird. Das bedeutet, dass du auch ungestört sein darfst, denn es gibt Dinge, die niemanden etwas angehen, außer dich selbst. Das müssen alle respektieren.

Recht auf soziale Teilhabe, Spiel, Freizeit und Ruhe

In deiner Freizeit sollst du Dinge tun, die dir Freude machen: spielen, malen, basteln oder dich erholen. Du darfst dir Freunde suchen und mit ihnen zusammen sein.

Angewandte Arbeitsmethoden aus dem „Institut für Jugendförderung"

Das Institut

Auf beruflicher Ebene habe ich es mir zur Aufgabe gemacht, die Wertevermittlung bei Kindern und Jugendlichen voranzutreiben, worunter auch besonders die Thematik der Gewaltprävention fällt. Seit dem Bestehen meiner Kampfkunstschule, welche sich direkt im KiEZ Frauensee (Kinder- und Jugenderholungszentrum in Brandenburg) befindet, nutze ich diese auch neben dem regulären Training mitunter für meine beruflichen Projekte im Bereich der Pädagogik.

Weg begleitend wurde so bereits über viele Jahre hinweg mein Dojo von vielen Schulklassen, Gruppen und Vereinen besucht und ist mittlerweile als fester Bestandteil der Einrichtung zu betrachten. Viele tausende Kinder und Jugendliche mit unterschiedlichster Herkunft und Kultur konnten uns mittlerweile besuchen und erfolgreich schöne und erlebnisreiche Tage bei uns erleben.

Ein maßgebendes Ziel ist es hierbei, mit viel Spaß die eigene Persönlichkeit zu leben und zu stärken, die Bedürfnisse des einzelnen zu verstehen und durch eine gezielte Kommunikation den gegenseitigen respektvollen Umgang in der Gruppe miteinander genießen zu können.

Die Grenzen des eigenen Ich´s werden im Team – Training erkennbar und mithilfe einer gezielten Vermittlung von Werte und Prinzipien durch bestimmte Wahrnehmungs- und Bewegungskonzepte gefördert und dadurch nachhaltig gestärkt. Getreu dem Motto „Wir gemeinsam und keiner allein" werden so zukunftsweisend gemeinsame Ziele erarbeitet, um den Teamgeist dabei nachhaltig zu festigen.

Im Verlauf dieser Kooperation ergab sich zudem ein weiteres Aufgabenfeld. Es ist eine Tatsache, dass nicht nur Kinder und Jugendliche sich so notwendiges Wissen aneignen konnten und von meiner Arbeitsweise Profitieren. Mittlerweile bezieht sich meine Arbeit ebenso intensiv darauf, Trainer, Betreuer, Lehrer, Erzieher und Pädagogen neue Sichtweisen zu vermitteln.

Eine Plattform zu bieten, auf der sie sich durch mein Training neues „Handlungswerkzeug" aneignen können, welches sie für ihren täglichen Bedarf gut gebrauchen können. Dabei spielen nicht nur die Kernpunkte wie Teamtraining und Gewaltprävention eine tragende Rolle. Sondern die Inhalte dieser Themenfelder selbst sind das entscheidende.

Dazu zählt das Vermitteln von:

- soziale Kompetenzen
- Potenzial Entfaltung
- Persönlichkeitsentwicklung
- Wertevermittlung
- Charakterschulung
- gezielte Bewusstseinsbildung
- nachhaltiger Umgang untereinander
- psychische und physische Grenzerweiterung
- Förderung des Selbstbewusstseins und der Selbstständigkeit

Als Medium nutze ich dafür das Kampfkunsttraining (Budo) in seiner Ursprungsform. Mit einer Pädagogisch und altersgerechten Haltung, werden so auf spielerischer Art und Weise, die jeweiligen Themen gezielt angesprochen. Dabei werden so die traditionellen Werte, mit Lebensart und mit Lebensgefühl vermittelt.

Ein weiteres Medium ist das Outdoor bzw. Survivaltraining. Gewohnte Lebensprozesse der Gruppe oder des einzelnen in einem Training der nicht ganz alltäglichen Art aufzubrechen ist dabei Maßgebend. Dadurch fördert man das richtige Verständnis und schafft neue Perspektiven. Grenzerfahrungen zu sammeln, die eigene Position zu verstehen und Stärken in Vertrauen umzusetzen ist Zielführend für alle.

So ist mittlerweile ein großartiges Netzwerk zu weiteren Verbänden, Organisationen und Vereinen entstanden, welches wir eng Knüpfen um unser notwendiges Wissen zu teilen und von dem ein jeder profitieren kann. Hierzu zählt zum Beispiel der Kampfkunstverband Martial Arts Association – International und das Institut für Budologie.

Ich verstehe mich in meiner Arbeit als „Institut für Jugendförderung" und werde auch weiterhin nicht nur die Interessen der Kinder und Jugendlichen unterstützen. Meine ganze Kraft in meinem beruflichen Dasein in dieses Projekt stecken und somit einer von vielen Wegweisern sein.

Ausbildungsmethode

Meine Projekte im Bereich der Gewaltprävention bauen auf handlungsorientiertem Lernen auf, wobei im Programm selbst und durch das neue Umfeld sich neue Verhaltensweisen ergeben. Mit dem Einstieg in die Thematik der Gewaltprävention erfahren die Teilnehmer, eine neue Arbeitsweise und Auffassung bekannter Dinge.

Die Zusammenarbeit schafft eine gute Kommunikation in der Gruppe an sich und das Vertrauen zu anderen Gruppenmitgliedern. Das Übernehmen von Verantwortung für sich selbst und andere auch in schwierigen Situationen bringt zudem ein gewisses Maß an Selbstbewusstsein mit sich, welches eigenständig erkannt und gefördert werden soll. Dies sind Ziele und Erfahrungen die wir und vor allem die Teilnehmer des Projektes, bereits in der Vergangenheit machen konnten.

In dem praxisbezogenen Training werden die Teilnehmer auf eine pädagogische, altersgerechte aber auch auf eine bestimmte Art und Weise an das Thema herangeführt. Denn es ist eine Tatsache, dass wir an dieser Stelle nicht vergessen sollten, worum es letztendlich geht. Sich selbst zu begreifen in seinen eigenen Handlungen bedeutet auch Grenzerfahrungen zu sammeln. Leitsatz: „Lieber ein Schüler der Realität als ein Meister der Illusion".

Konstruktive Konfliktbearbeitung

Dem Konzept der Gewaltprävention liegt ein Trainingsprogramm zugrunde, welches von einem positiven Konfliktbegriff ausgeht. Das bedeutet, dass ich in meiner Arbeit mit den Kids im Teamtraining, bewusst einen Konflikt hervorrufe. Dieser dient mir dann, als Basis um ein notwendiges Verständnis bei den Teilnehmern zu erreichen.

Konflikte werden demzufolge als etwas ganz Normales im Zusammenleben verstanden. Konflikte können daher als Zusammentreffen von unterschiedlichen Interessen, Werten oder Richtungen verstanden werden oder stärker bezogen auf den sozialen Konflikt als subjektive Beeinträchtigung durch andere.

Ausgehend von der Grundposition, dass Konflikte als etwas Positives zu betrachten sind, sind sie ein wichtiges Signal, dass etwas nicht stimmt und verändert werden muss. Konflikte bieten daher eine Chance zur Entwicklung und zur Verbesserung der gegenseitigen Beziehungen. Die entscheidende Frage ist, wie diese Konflikte zur Kenntnis genommen und bearbeitet werden.

Nicht der Konflikt an sich ist das Problem, sondern die Art und Weise, wie damit umgegangen wird. Gefährlich sind die ungelösten Konflikte, die zwar in oft harmlosen Meinungsverschiedenheiten oder Missverständnissen ihren Ursprung haben, aber derart eskalieren können, dass die Beteiligten sehr darunter leiden und keinen Ausweg mehr finden.

Ein konstruktiver Umgang mit Konflikten ist für Kinder und Jugendliche ein wesentliches Element des sozialen Lernens. Im Bewältigen von Konflikten liegt ein enormes Lern- und Wachstumspotential, dass es pädagogisch zu nutzen gilt.

Eine konstruktive Konfliktbearbeitung sollte von folgenden Grundsätzen ausgehen:

- **Zwischen Mensch und Person unterscheiden.**

Konstruktive Konfliktbearbeitung bedeutet, eine Lösung für das Problem zu suchen, ohne die Person des Gegenübers anzugreifen.

- **Zwischen Position und Bedürfnis unterscheiden.**

Wenn man nur von den zu Beginn eines Konflikts eingenommenen Positionen ausgeht, ist eine einvernehmliche Lösung in der Regel nicht möglich. Wenn dagegen die dahinterliegenden Bedürfnisse genauer betrachtet werden, ist es leichter, eine Lösung oder wenigstens einen Kompromiss zu finden.

- **Die verschiedenen Ebenen eines Konflikts beachten.**

Oft geht es in Konflikten gar nicht um den vordergründigen Streitgegenstand, sondern um zum Teil länger zurückliegende unbearbeitete Konflikte, Missverständnisse, Machtkämpfe etc.

- **Die Kommunikation aufrechterhalten und wiederherstellen.**

Je weiter der Konflikt eskaliert, umso ungenauer und vorurteilsbeladener wird die Kommunikation unter den Beteiligten.

- **Nach neuen Lösungen suchen.**

Oft ist schon viel erreicht, wenn die Konfliktbeteiligten sich darauf einlassen, gemeinsam nach anderen, neuen Lösungsmöglichkeiten zu suchen, statt all ihre Kraft darauf zu verwenden, ihre ursprünglich eingenommene Position durchzusetzen.

Die Mediation

Für die an den Konflikt Beteiligten ist es in der Regel schwierig, diese Verhaltensregeln konstruktiver Konfliktbearbeitung einzuhalten. Sie sind zu sehr im Konflikt und in ihren jeweiligen Sichtweisen gefangen. Leichter wird es, wenn eine dritte bzw. auch vierte Person von außen den Beteiligten hilft, die Grundregeln des Umgangs miteinander zu beachten, die Kommunikation zu sichern und nach Lösungen zu suchen. Dafür gibt es eine ausgearbeitete Methode, die Mediation.

Mediation ist ein Verfahren für konstruktive Konfliktlösung, dass in den 60er und 70er Jahren in den USA entwickelt wurde und dort mit Erfolg in vielen Lebensbereichen angewendet wird. Wörtlich übersetzt bedeutet Mediation "Vermittlung". Gemeint ist die Vermittlung in Konflikten durch unparteiische, neutrale Dritte, die von allen Seiten akzeptiert werden.

Die Mediatoren führen die Konfliktparteien durch einen Klärungsprozess, der die Kontrahenten befähigt, die eigenen Interessen und Gefühle zu erkennen, diejenigen der anderen Seite zu verstehen und gemeinsam eine einvernehmliche Konfliktlösung zu finden. Mediation setzt jedoch voraus, dass die Beteiligten eine Bereitschaft oder Einsicht in die Notwendigkeit der Konfliktbearbeitung haben oder entwickeln.

Ziel ist es, dass beide Konfliktparteien zu einer gemeinsamen und für beide Seiten befriedigenden Lösung kommen. In einem Schlichtungsgespräch geht es nicht um gegenseitige Schuldzuweisungen, sondern um das Herausarbeiten der eigentlichen, häufig tiefer liegenden Ursachen des Streits. Beide Konfliktparteien werden durch die Gesprächsführung der Schlichter und Schlichterinnen dazu angeleitet, ihre eigene Sichtweise des Streites darzustellen und ihre Gefühle bewusst wahrzunehmen und zu äußern. Dadurch wird den Streitenden ermöglicht, die Perspektive des Konfliktpartners einzunehmen und seine Gefühle zu erspüren.

Durch das gegenseitige Zuhören und aufeinander Eingehen, kommen sich die Streitenden wieder näher, so dass eine mögliche Lösung angebahnt werden kann. Vertraulichkeit ist dabei das oberste Prinzip. Das heißt, dass nichts von dem Schlichtungsgespräch nach außen getragen werden darf.

„Weitere wichtige Methoden"

Anti-Aggressions-Training

Das Anti-Aggressions-Training soll aggressiven Verhaltensweisen vorbeugen bzw. diese abbauen. Dazu werden kognitive und emotionale Komponenten beobachtet und analysiert. Zusätzlich werden die Teilnehmer mit aggressivem Verhalten konfrontiert, sowohl dem eigenen als auch dem der anderen. Sie sollen lernen, selbst auf die Anwendung von Gewalt zu verzichten, auch wenn sie die körperliche Stärke dazu haben, oder Gewalt aus dem Weg zu gehen, wenn sie ihnen begegnet. Bei den Trainingseinheiten werden kontrolliert Situationen hergestellt (simuliert), in denen aggressive Verhaltensmuster auftreten. Durch das Antrainieren von nicht-aggressiven alternativen Verhaltensweisen lernen die Teilnehmer, wie sie sich anders verhalten können.

Deeskalation

Deeskalation verhindert eine weitere Zuspitzung von Konflikten und ermöglicht ein schrittweises Abkühlen einer Eskalation. Deeskalation führt so das Geschehen auf eine Stufe sachlicher Auseinandersetzung zurück. Wichtige Elemente zur Deeskalation sind u.a.:

- Verzicht auf Schädigung oder Bedrohung des Gegners.
- Verzicht auf einseitige eskalierende Schritte.
- Verwendung einer neutralen (Körper-)Sprache.
- (Vorübergehende) Trennung der Konfliktparteien.
- Hinzuziehung einer vermittelnden dritten Partei.
- Anerkennung von Gemeinsamkeiten.

Deeskalationstraining

Deeskalationstraining ist das Einüben und Automatisieren kreativer, deeskalierender Umgangsweisen mit Konflikt- und Bedrohungssituationen. Spielerisch werden verbale und nonverbale Ausdrucksformen geübt, um den eigenen Standpunkt zu finden und zu festigen, körpersprachliche Interventionsmöglichkeiten zu erproben und die Angst zu nehmen, laut und entschieden Grenzen zu setzen.

Erlebnispädagogik

Erlebnispädagogische Aktionen zielen auf neue körperliche und emotionale Erfahrungen. Durch gruppendynamische Interaktionsspiele und erlebnis- bzw. abenteuerorientierte Naturaktionen sollen individuelles Lernen, Selbsterfahrung sowie der Gruppenzusammenhalt erkannt und gefördert werden.

Konfrontative Pädagogik

Konfrontative Pädagogik bezeichnet einen pädagogischen Handlungsstil, der auf Förderung der Selbstverantwortung durch direkte und rasche Konfrontation bei Grenzverletzungen zielt. Die ritualisierte Grenzziehung Konfrontativer Pädagogik baut auf die These, dass klare Botschaften und entschiedenes Auftreten Jugendlichen das Erlernen von Normen erleichtern. Konfrontative pädagogische Maßnahmen sind das Coolness-Training sowie das Anti-Aggressions-Training, diese erfordern eine gezielte pädagogische Schulung.

* persönliche Anmerkung

Die Konfrontative Pädagogik ist mein liebstes Arbeitsinstrument. Diese Variante gibt mir die Möglichkeit viele Dinge direkt ansprechen zu können und dies mit dem Gefühl, dass die Teilnehmer einfach nur ihr eigenes Spiegelbild erleben. Sie werden sich so schneller der Situation bewusst, was die Arbeitsweise und Zielführung auch mit einer größeren Gruppe erheblich erleichtert.

Kooperatives Lernen

Kooperatives Lernen bedeutet, dass sich Schülerinnen und Schüler gegenseitig bei der Arbeit unterstützen und gemeinsam zu Ergebnissen gelangen. Dies geschieht in Partner- oder Gruppenarbeit. In gut strukturierten Lerngruppen wird unter Zuhilfenahme von zahlreichen Methoden ein hohes Aktivierungsniveau der Lernenden erreicht mit nachhaltigen Erfolgen im kognitiven Bereich. Problemlöse- und Sozialkompetenz werden gleichermaßen aufgebaut und führen häufig zu einem positiveren Selbstbild der Lernenden. Grundvoraussetzung für die erfolgreiche Arbeit in Gruppen ist das Schaffen eines förderlichen sozialen Klimas mit positiven Abhängigkeiten unter den Gruppenmitgliedern.

Werteerziehung

Werteerziehung vollzieht sich in konkreten (Problem-) Situationen und sucht und findet Antworten auf Fragen der Alltagsbewältigung. Es geht dabei nicht um überzogene moralische Ansprüche, sondern um Reflexion von Entscheidungen und Handlungen. Werteerziehung lebt vom Vorbild und der Glaubwürdigkeit. Vereinbarte Regeln gelten ausnahmslos für alle, aber sie sind nicht unveränderbar und für alle Zeiten. Sie unterliegen der Begründung, der Diskussion und evtl. der Neubewertung.

Wichtige Grundlagen für Lehrpersonal und Eltern

Prävention bei den Eltern

Elternabend

Bei einem naheliegenden Elternabend sollte definitiv ein Gespräch zum Schutz der Kinder vor Gewaltanwendungen kurz vorgestellt werden, welche Möglichkeiten es gibt und zur Ansicht ausgelegt werden. Dem Elternbeirat werden Themen zur Gewaltprävention als Möglichkeit zur Auswahl, für einen thematischen Elternabend ebenfalls angeboten.

Anschreiben für die Eltern (Wegweiser)

Schon bei der Anmeldung sollte den Eltern ein Anschreiben bezüglich der Gewaltprävention überreicht werden, welches dann zur Kenntnisnahme unterschrieben werden soll. Das Anschreiben beinhaltet folgende Punkte und kann folgendermaßen aussehen:

Wertvolle Tipps für Sie, liebe Eltern!

Die nachfolgenden Zeilen dienen als Ergänzung und mit Sicherheit nicht als Maßregelung für Sie als Erwachsene. Aber allein mit der Entscheidung, die Sie getroffen haben und zur Zusammenarbeit bewegt hat, haben Sie einen wichtigen und wertvollen Schritt getan. Wir bitten Sie daher, die folgenden Tipps ruhig in sich aufzunehmen, zu verarbeiten und auch nach bester Möglichkeit umzusetzen. Nur so können wir einander helfen und präventiv Ihr Kind auf Eventualitäten vorbereiten.

Von vorneherein gilt: Um Gewalt auch vorbeugen zu können ist es wichtig, dass das Kind erst gar nicht in eine Opferrolle hineingerät, was durchaus Antrainiert werden kann. Dazu muss man kein Experte auf dem Gebiet sein. Aber klare Linien von Anfang an geben dem Kind das notwendige Vertrauen und die Sicherheit.

Seien Sie stets ein gutes Vorbild und sagen Sie Ihrem Kind konsequent und klar „ja" oder „nein"

Sagen Sie Ihrem Kind deutlich, was sie von ihm möchten und was es bitte lassen soll. Kinder lernen durch Ihr Vorbild „ja" und „nein" zu sagen und darauf zu bestehen. Klare konsequente Grenzen geben Ihrem Kind die notwendige Sicherheit. Reagieren Sie heute aufgebracht und gehen morgen darüber hinweg, gibt es keine Verlässlichkeit.

Damit würden Sie potenziellen Tätern, Aggressoren oder der Gewalt an sich Tor und Tür öffnen. Grundsätzlich wird mit der Unsicherheit der Opfer gespielt. Heute ist es so, dass man nicht mehr das Opfer ist, wenn man am Boden liegt. Das Opfer wird sich vorher ausgesucht. Das, welches unsicher und am schwächsten erscheint, zu vertrauensvoll ist und keinerlei Grenzen kennt.

Ein wichtiger Punkt, der Sie mit Sicherheit auch etwas erschrecken wird

Die Statistik hat gezeigt, dass viele Täter im nahen Umfeld leben und meist gar keine Fremden gegenüber ihrem Kind sind. Durch spielerisches erfragen können Sie herausbekommen, wem Ihr Kind tagsüber noch so begegnet. Ständig wiederholende Begegnungen mit bestimmten Personen sollten Sie auf den Grund gehen. Halten Sie Augen und Ohren offen, aber bleiben Sie ruhig und sachlich! Dazu gehören auch besten Freunde oder Freundinnen Ihres Kindes genauso wie der eigene Familienkreis.

Entwickeln von Bewusstsein

Entwickeln Sie ein Bewusstsein für beliebte Strategien der Täter oder Aggressoren und versetzen Sie sich in diese Lage, welches Ziel verfolgt wird. Diese Punkte wollen wir durchbrechen und Ihr Kind nicht angreifbar machen, denn Kinder können bis zu einem bestimmten Alter bösartige Manipulationen nicht durchschauen. Wache Erwachsene sind die Chance!

Tun Sie mit Ihrem Kind Dinge, die wirklich Sinn ergeben

Wir leben in einem Zeitalter der Schnelllebigkeit. Meine Erfahrungen aus Jahren der Zusammenarbeit mit Kindern und Jugendlichen hat gezeigt, dass ein Ausflug in urmenschliche Tätigkeiten viel hilft. Holz sammeln, es zu entfachen und zu unterhalten, etwas darauf zuzubereiten, einen Tisch oder ein kleines Regal bauen, etwas sähen und gemeinsam zu ernten.

Nach solchen Erlebnissen zeigt sich bei allen Kindern und Jugendlichen ein Gefühl von: „Ich hab´s drauf", „Ich kann es allein", „Ich habe etwas nicht alltägliches gemacht" und „Ich verstehe einen Teil der Welt und auf mich kommt es an" und erlebt:
- ➢ enorme Zuwendung
- ➢ es erlebt sich selbstständig
- ➢ fähig und stark zu sein
- ➢ das Gefühl mithelfen zu können und gebraucht zu werden

Verhelfen Sie ihrem Kind zu einem guten Grenzgefühl

Nicht vergessen, unsere eigenen Grenzen nehmen wir über die gesamte Haut wahr. Wenn wir „aus der Haut fahren" sind wir nicht mehr bei uns und haben keine Kontrolle mehr über die Situation. Das nimmt Ihr Kind ohne weiteres wahr und lebt es genauso aus, nur in einer anderen Situation. Distanzlinien zu den Dingen schaffen, die Sie selber im Alltag belasten ist ein wichtiger Wegbereiter für Ihr Kind.

Dabei gilt jedoch diese nicht zu verdrängen, sondern das Problem sinnvoll zu lösen. Dies gibt Ihrem Kind das Vertrauen das Notwendige kontrollieren zu können. Seelisch stärken Sie das Grenzgefühl Ihres Kindes durch Gewohnheiten, die nicht aus purer Routine bestehen, sondern immer zeitlich von Ihnen aus bestimmbar und kontrollierbar sind.

<u>Zeit</u>

Nehmen Sie sich täglich Zeit, um mit Ihrem Kind über seine Erlebnisse und Sorgen sprechen zu können. Auch das, was einem Kind komisch vorkommt, eher zufällig erscheint oder ängstigt, sollte nicht zurückgehalten werden. Das Gefühl von „Ich höre Dir zu" ist die wichtigste und lebendigste Brücke in der Familie.

Hier noch eine komplette Auflistung und Empfehlungen meinerseits, auf welche Ihr Kind richtig reagieren sollte. Besprechen Sie dies mit Ihrem Kind erneut und regelmäßig!

Reden Sie mit ihrem Kind, wo es sich auch auf dem Schulweg Hilfe holen kann (Geschäfte, Menschenansammlungen, an einer Haustür klingeln etc.).

Nach Möglichkeit Ihr Kind immer in kleinen Gruppen und nie allein zur Schule schicken.

Beschriften Sie Kleidungsstücke, Taschen, Rucksäcke usw. nie sichtbar mit dem Namen Ihres Kindes. Täter bzw. Aggressoren nutzen dies aus, um zu behaupten „Hallo….kennst du mich noch?!"

Ihr Kind soll lernen Distanz zu fremden Fahrzeugen und Personen zu halten, auch wenn man noch so lieb und freundlich angesprochen wird, egal bei welcher Frage. Es ist nicht unhöflich. Erwachsene können auch Erwachsene nach dem Weg fragen. Auch der Süßigkeiten oder Spielzeugtrick ist noch immer beliebt.

Ganz wichtig!!! Vereinbaren Sie ein Passwort mit Ihrem Kind! Wenn ein Täter mit dem Fahrzeug kommt und sagt: „Mama und Papa hatten einen Unfall, ich fahre dich schnell hin" ist Ihr Kind zu allem bereit und steigt schnell ein. Wenn Ihr Kind jedoch ein vorher abverlangtes Passwort von demjenigen nicht erhaltet wird, soll es so schnell wie möglich weglaufen!!! Dieses Passwort sollte ebenso nur mit den engsten Familienangehörigen abgesprochen werden für einen wirklichen Notfall. Dann weiß Ihr Kind, dass es auch wirklich einsteigen kann.

Wird Ihr Kind jemals bedrängt soll es sofort weglaufen, laut schreien und sich mit allem gegebenenfalls wehren und sofort zu anderen Erwachsene rennen und Sie darüber informieren. Wichtig hierbei ist dennoch, dass Ihr Kind nicht kopflos reagieren soll. Denn in solchen Situationen soll man den Straßenverkehr nicht außer Acht lassen.

Üben Sie mit Ihrem Kind Personen und Fahrzeuge zu beschreiben für eine eventuelle Beschreibung hinterher.

Pünktlichkeit und das Einhalten von Absprachen zwischen Ihnen und Ihrem Kind sind wichtig. Sollte Ihr Kind dennoch mal zu spät kommen, nicht gleich schimpfen, sondern darüber nochmals aufklären.

Ihr Kind sollte nie Fremden die Wohnungstür öffnen, wenn es allein zu Hause ist. Auch Uniformierten nicht! Täter nutzen dies aus. Sollte etwas Ernsthaftes sein verschaffen sich Feuerwehr und Polizei den Zutritt von allein. Ein Täter tut dies nicht.

110 oder 112 sollte jedes Kind beherrschen und wissen, wie und wo es diese Nummer auch ohne Geld wählen kann.

Kaufen Sie Ihrem Kind eine Trillerpfeife!!! Sobald es angesprochen wird, aus einem fremden Fahrzeug heraus oder wie auch immer, vor der Schule oder anderen Orten, sollte es sich nicht scheuen diese sofort zu benutzen. Die Erfahrung hat gezeigt, dass Täter diese Form von „Enttarnung" fürchten, fluchtartig den Ort verlassen. Außerdem reagieren Erwachsene auf dauerhafte Geräusche einer Trillerpfeife gut und können die Situation schnell gut einschätzen.

Achtsamkeit

Mit dem eigenen „Ich" beginnen

Wenn ich in der Lage sein möchte, in pädagogischen Bereichen erfolgreich leiten zu können und anderen wichtige Prinzipien des Lebens mit auf den Weg geben will, muss ich als Erstes bei mir selbst beginnen!

In den vielen Jahren der gemeinsamen Zusammenarbeit mit Pädagogen aus unterschiedlichsten Bereichen, hat sich immer wieder gezeigt, dass es schwer ist, selber in den entscheidenden Momenten ruhig zu bleiben. Als Lehrer zum Beispiel muss man sich mittlerweile viel gefallen lassen und es ist eine Tatsache, dass man davon auch vieles mit nach Hause nimmt.

Die nachfolgenden Zeilen sollen dabei helfen, die eigenen Säulen im Leben durch Achtsamkeit zu stärken und sich gewisser Dinge einfach bewusster zu sein, denen man sonst vielleicht zu wenig Beachtung schenkt.

Die nachfolgenden Tipps sind aber auch weiterführendes Arbeitsmaterial, welches auch in einem bestimmten Anteil an die jüngere Generation durchaus weitergegeben werden kann.

Sechs wichtige Schritte im eigenen Leben

1. Das eigene „Fass" leeren

Die erste Devise hierfür lautet: Störungen in meinen Säulen wie Gesundheit, Familie, Arbeitsplatz, Finanzen, Zukunftsperspektiven, Freizeit und Hobbys aktiv angehen und lösen.

Denn: Ein Mensch, der in anderen Lebensbereichen unter Druck steht, ungesund und nicht fit ist, sich nicht erholen kann oder pessimistisch eingestellt ist, ist reizbarer und damit empfänglicher für Provokationen – und damit auch für aggressive Reaktionen. Die eigenen Probleme aktiv, eigenverantwortlich und lösungsorientiert anzugehen, ist also der richtige Weg, das eigene Fass zu leeren und damit größere Widerstandskraft gegenüber neuen Belastungssituationen zu haben bevor es überläuft.

2. Wisse, was Du willst – und warum Du es willst

Sowohl bzgl. der Störungen in den eigenen Säulen des Lebens gilt es als auch generell zu verstehen:

- Was möchte ich erreichen?
- Wisse, was Du willst!

Diese Vorstellung muss absolut klar sein und sollte sich in unseren Gedanken fest manifestieren. So könnte dies beispielsweise folgendes sein:

- Ein Laster aufgeben?
- Eine Gewohnheit verändern?
- Eine harmonische Beziehung mit meinem Partner/ Kollegen/ Vorgesetzten/ Patienten besser pflegen?
- Ein persönliches Ziel erreichen?
- Ein Buch veröffentlichen?
- Einen lang gehegten Traum verwirklichen?

Oft stellt jemand dann die Frage nach dem „WIE" – allerdings führt diese Frage oft in eine Sackgasse. Warum? Weil die Antwort auf das „WIE" fehlt. Somit wird der erste Schritt nur selten getan und eine Lösung wird somit zwangsläufig unwahrscheinlich.

Es ist wichtig im Anschluss zu wissen und sich geistig auszumalen „WARUM" es so wichtig ist, dieses Ziel erreicht zu haben und sich die Fragen zu stellen:

- Was ist Gutes daran?
- Was wäre denn anders?
- Wie fühle ich mich dann?
- Wie verhalte ich mich dann anders?
- Woran würde ich es zuerst bemerken?
- Und danach?
- Wie würde mein Umfeld darauf reagieren?
- Was ist das Beste an diesem neuen Zustand?

Wenn wir uns damit anfangen zu beschäftigen, laden wir unser emotionales – nämlich unser limbisches System – mit den positiven Dingen auf die für uns essenziell sind. Das ist daher wichtig, weil wir ca. 30.000 Entscheidungen jeden Tag fällen – aber nur etwa 10 % davon wirklich bewusst. Die restlichen 90 % treffen wir unbewusst und damit aus unserem limbischen System heraus.

Kurz gesagt, wir entscheiden viel zu viel und vor allem zu schnell aus dem Bauch heraus. Dabei sollten wir Entscheidungen besser Bewusst treffen und nicht nur aus dem Bauch heraus. In provokativen Situationen mit Aggressionspotenzial bedeutet das zum Beispiel: Wie lange halte ich denn wirklich Blickkontakt zu meinem Gegenüber? Wie lange lasse ich mir Zeit für meine Reaktion? Wie reagiert mein Körper, meine Mimik, wo verspanne ich mich, spüre ich Hitze oder Druck? Was ist meine exakte Wortwahl?

All das wird durch das limbische System gesteuert, weshalb es wichtig ist, den gewünschten Zustand sich vorzustellen und sich damit positiv aufzuladen. Unsere unbewussten Entscheidungen realisieren also ganz von allein das „WIE", weil wir so die Gelegenheit im Moment ergreifen können. Wir müssen es also nur wollen. Dies fängt mit Achtsamkeit an.

3. Mentaltechniken + Achtsamkeit

Jeder kann zu jedem Moment an jedem Ort achtsam sein. Selbst nur für einen Atemzug. Somit lenken wir ganz einfach nur die Aufmerksam auf das Hier und jetzt und sagen dem Verstand: Achte auf den Atem. Und schon meditieren wir und haben einen achtsamen Moment praktiziert.

Achtsamkeitsübungen (zum Beispiel nach Jon Kabat-Zin) wie der Body Scan helfen uns, den eigenen Körper besser kennenzulernen. Das hilft uns in zukünftigen Situationen mit Aggressionspotenzial, weil wir unsere Körpersignale früher und bewusster wahrnehmen. Wir können dann eine deeskalierende anstatt eine eskalierende Reaktion wählen. Atemtechniken helfen dabei, im Alltag das Fass stückweise zu leeren und mehr Distanz in einer jeweiligen Situation zu bekommen. Auch andere Achtsamkeitsübungen helfen dabei. Beispielsweise achtsame Bewegungen wie: Gehen zum Beispiel oder andere Tätigkeiten wie achtsames Essen.

4. Situation von der Bewertung trennen

Achtsamkeit hilft damit auch, die Situation von unserer Bewertung zu trennen – und das ist eine Königsdisziplin. Meistens reagiere ich gar nicht auf das Verhalten des anderen oder seine Worte, sondern ich fange automatisch an, dies im Inneren zu Interpretieren. Kurz gesagt: ich fange an diese Situation zu bewerten. Und darin liegt der Fehler.

Wenn ich selbst verbal angreife, mich zurückziehe, erstarre, mich rechtfertige, etc., dann reagiere ich nicht auf die Situation, sondern auf meine Bewertung der Situation.

Zum Beispiel:

- weil ich mich fürchte
- weil ich ärgerlich war
- weil ich mich frustriert fühle

Aber diese Gefühle sind nur meine eigenen Reaktionen auf die eigene Interpretation.

Der andere ist sozusagen zwei Schritte auf uns zugegangen und uns voraus, ohne zu grüßen und hat in (nach unserer Interpretation) harten Worten und schroffem Ton Befehle ausgesprochen. Es hat mich also jemand beleidigt. Aber selbst die Beleidigung ist nur eine Interpretation: „Ich bin wütend, weil ich Deine Worte als Beleidigung bewerte."

Situationen von Bewertungen trennen zu können, kann man auch in einem Aggressionstagebuch trainieren. Man notiert dabei den Anlass, die exakte Situation (was also ein Beobachter von außen auch gesehen hätte) und reflektieren, welche innere Reaktion, Bewertung und Interpretation einen daraufhin bewegt hat. Meistens ist es so, dass unser äußeres Verhalten eigentlich eine Reaktion auf unsere innere Bewertung war – und nicht auf das Verhalten des anderen hin.

So ein Rückblick auf die Situation kann mithilfe eines Tagebuchs geschehen – oder auch im kollegialen Austausch. Die Perspektive einzunehmen, was die Eskalation verstärkt hat, nämlich die Bewertung, kann in der kollegialen Beratung wertfrei betrachtet werden. Kollegen können helfen, das eigene Muster zu erkennen, erklären was man vielleicht selbst falsch gemacht hat und so die Möglichkeit bieten, die Bewertung bei ähnlichen Situationen zukunftsweisend zu verändern, so dass eine deeskalierende Reaktion erfolgen kann.

5. Kontakt zu mir selbst haben und ausdrücken, was ich fühle, brauche, will und worum ich bitte

Wenn mich jemand attackiert, zum Beispiel mit den Worten (und unterstützt durch entsprechende Gestik und Mimik):

„Bei Dir dreht sich doch alles immer um Dich, Du Egoistenschwein!"

So könnte ich auf die Provokation reagieren, indem ich zurückfeuere:

„Du undankbarer Mistkerl, woran ich immer zuerst denke, das seid doch Ihr!"

oder aber, was deeskalierender und damit gewaltfreier ist: Ich habe Kontakt zu mir und sage dem gegenüber was mich bewegt, was ich fühle, brauche, erreichen möchte und worum ich den anderen bitte.

Gehe ich achtsam mit mir und meinen eigenen Bedürfnissen in dieser Situation um, dann beherrsche ich es auch, in genau dem Moment der Provokation, achtsam zu bleiben und dass auch in der Kommunikation zum anderen auszudrücken: „Ich fühle Ärger, weil ich meine, dass ich es für mich als eine Beleidigung bewerte, wenn Du das sagst." oder „Um was genau geht es Dir denn, wenn Du das sagst?"

Die Aufmerksamkeit des Gegenübers richtet sich nun weniger auf meine präsente Person, sondern auf die Situation, die mein Gegenüber zu einer solchen Äußerung bewogen hat. Gleichzeitig bleibe ich echt und authentisch, weil ich meinem inneren Gefühl und Bedürfnis Ausdruck verliehen habe. Der andere sieht mich so als Mensch. Das ist Bestandteil der Gewaltfreien Kommunikation (Marshall Rosenberg).

6. Empathisch zum anderen sein bedeutet aktiv zuhören, ohne mir selbst im Wege zu stehen

Anstatt mein Gegenüber dann zu belehren, mich zu rechtfertigen, zu sagen, was falsch oder richtig ist, selbst anzugreifen oder ähnlich, kann ich beim Gegenüber sein und ins aktive Zuhören wechseln: Was vermute ich, dass mein Gegenüber fühlt? Was braucht er oder sie? Was ist wichtig? Was genau willst du eigentlich? „Ich kann mir vorstellen, dass Dich das sehr aufgewühlt hat, als ich Dir meine Entscheidung so mitgeteilt habe..." „Ich habe den Eindruck, dass Du das als ungerecht bewertest..." und so kommt mein Gegenüber dazu, sich und alles, was ihn beschäftigt zum Ausdruck zu bringen.

Das wird seine Problemzone, die er gerade vor sich herträgt, automatisch reduzieren und anstatt über seine Beleidigung zu sprechen, können wir so eine Lösung miteinander erarbeiten zu den Dingen, die ihn tatsächlich beschäftigen.

Meist wird im Alltag versucht, um die Problemzone des anderen herum eine Lösung oder einen Ausweg zu finden. Das wird aber die Beziehungsqualität zu meinem gegenüber nicht fördern und ebenso wenig seine Freiwilligkeit. Doch indem ich echt zu mir selbst im Kontakt bleibe und im Anschluss aktiv zuhören kann und wirklich empathisch mit dem anderen bin, wird auch mein Gegenüber sich öffnen als Mensch und einlassen auf eine tragfähige Lösung. Auch das ist Bestandteil der Gewaltfreien Kommunikation (Marshall Rosenberg).

Richtlinien
für das Lehrpersonal

Richtlinien für das Lehrpersonal Teil 1

➢ Bei Gewaltvorfällen

Verhalten bei Regelverstößen

Auf Gewaltvorfälle muss konsequent reagiert werden. Eine Schulordnung enthält einen Maßnahmenkatalog, wie im Falle eines Verstoßes gegen die Schulordnung zu reagieren ist. Die angewendeten Konsequenzen für das Fehlverhalten sollen so ausgesucht werden, dass sie für die Schülerinnen und Schüler logisch nachvollziehbar sind.

Unerlaubter Besitz gefährlicher Gegenstände

Alle Eltern verpflichten sich dafür Sorge zu tragen, dass ihre Kinder keine gefährlichen Gegenstände und Waffen. Sollte eine Schülerin oder ein Schüler dennoch einen gefährlichen Gegenstand mit in die Schule bringen, ist dieser von der Lehrkraft zu beschlagnahmen und den Eltern auszuhändigen. Bei Weigerung wird die Schulleitung beziehungsweise die Polizei verständigt und ist in zwingend Notwendig.

Vandalismus und Diebstahl

Die Verursacher von Vandalismusschäden müssen ermittelt werden. Die Schulleitung leitet weitere Maßnahmen ein (ggf. Einschaltung der Polizei). Die Verursacher bzw. deren Erziehungsberechtigte haften für den entstandenen Schaden. Die gleichen Maßnahmen gelten für Diebstähle.

Maßnahmen bei einem akuten Gewaltvorfall

Beenden der Gewalttat, soweit dies realisierbar ist, ggf. Dritte zu Hilfe rufen. In dringenden Fällen: Notruf der Polizei 110. Sorge für die Sicherheit des Opfers in der akuten Situation. Weitere Fürsorge für das Opfer einleiten (z.b. Heimwegbegleitung). Verhindern, dass die gewalttätige Auseinandersetzung eine Fortsetzung findet. Prüfung, ob die gewalttätige Auseinandersetzung eine Fortsetzung findet. Prüfung, ob Anzeige zu erstatten ist. Befragung aller Beteiligten und Schreiben eines Berichtes zum Vorgang. Information an die Erziehungsberechtigten der direkt Betroffenen bei schweren Vorfällen. Sicherung der Fakten, die zu der weiteren Aufarbeitung des Falles notwendig sind (schriftliche Berichte der Beteiligten, ggf. Fotos zu Sachverhalten, Symbolen oder Texten).

Hilfe für Betroffene

Nach einem Übergriff kommt es zunächst darauf an, schnellstmöglich die persönliche Sicherheit der Betroffenen zu gewährleisten, für eine angstfreie Atmosphäre zu sorgen und gegebenenfalls Erste Hilfe zu leisten. Anlaufstelle für etwaige ärztliche Behandlungen ist die durchgangsärztliche Praxis. Da Opfer von Übergriffen häufig unter Schock stehen, sollten sie dorthin oder nach Hause möglichst von einer anderen Person begleitet werden.

Auffanggespräche bringen „Erste Hilfe für die Seele".

Menschen erleben Gewalterlebnisse sehr individuell. Gerade psychische Gesundheitsschäden können sich auch zeitverzögert bemerkbar machen. Unter anderem deshalb ist es wichtig, dass grundsätzlich jeder Übergriff dokumentiert wird. Weiter dient die Dokumentation der rechtlichen Absicherung beteiligter Personen – insbesondere, wenn jemand verletzt wurde. Und sie hilft beim Fortschreiben der Gefährdungsbeurteilung: Anhand der Unterlagen lassen sich Problembereiche identifizieren und die Wirksamkeit getroffener Schutzmaßnahmen prüfen.

Besondere Beachtung gilt hier gegenüber Kindern. Gerade im Kindesalter sind besondere Ereignisse sehr prägend. Schnell kann aus einer Gewalterfahrung ein Trauma bei Kindern entstehen.

Richtlinien für das Lehrpersonal Teil 2

➢ Sicherheit auf dem Schulgelände und im Schulgebäude

Schutz vor unbefugtem Zutritt

Betreff: Klassen-, Fach- und Funktionsräume. In den Pausen haben die Schülerinnen und Schüler sich nicht in den Unterrichtsräumen aufzuhalten. Sie sollen die Pausen in der Regel auf dem Außengelände der Schule verbringen. Die Lehrkräfte verlassen immer als Letzte den Unterrichtsraum. Eine Ausnahme bilden die Regenpausen. Auf jeder Etage des Alt- und Neubaus führt während der Regenpausen mindestens eine Lehrkraft Aufsicht. Funktions- und Fachräume werden nur von den unterrichtenden Lehrkräften aufgeschlossen und sind grundsätzlich nach dem Unterricht zu verschließen.

Umgang mit schulfremden Personen

Außerhalb des schulischen Personals sollen sich schulfremde Personen nur in begründeten Ausnahmesituationen im Schulgebäude bzw. auf dem Schulgelände aufhalten. Fremde Personen werden von den Lehrkräften angesprochen und nach ihrem Anliegen gefragt ggf. Personalien geben lassen. Grund: Kindeswohlgefährdung. Personen, die unerwünschtes Verhalten zeigen, werden aufgefordert das Schulgebäude bzw. Schulgelände zu verlassen. Die Lehrkraft hat zu überprüfen, ob dem Folge geleistet wird. Bei Weigerung wird die Schulleitung informiert. Die Schulleitung hat das Hausrecht und kann ein Hausverbot aussprechen. Bei Verdacht auf eine Straftat wird die Polizei unverzüglich verständigt.

Richtlinien für das Lehrpersonal Teil 3

➤ Überprüfung der Anwesenheit

<u>Anwesenheit während des Unterrichts und im Ganztagsbereich</u>

Die Kontrolle der Anwesenheit wird zu Beginn der Unterrichtsstunde durch die Lehrkraft überprüft. Fehlende bzw. verspätete Schülerinnen und Schüler werden im Klassenbuch vermerkt. Im Nachmittagsbereich überprüfen die jeweiligen Gruppenleitungen die Anwesenheit der angemeldeten Kinder. Die Gruppenleitungen sind verpflichtet, bei fehlenden Kindern telefonisch Nachforschungen anzustellen. Eine entsprechende Notiz für die Klassenlehrerinnen und Klassenlehrer ist im Sekretariat zu hinterlassen. Verlassen Schülerinnen und Schüler (z.B. aus Krankheitsgründen) den Unterricht früher, wird dies im Klassenbuch vermerkt. Bei nicht entschuldigtem Fehlen erfolgt eine Rückfrage bei den Eltern.

<u>Umgang mit erkrankten Schülerinnen und Schülern</u>

Schülerinnen und Schüler, die im Verwaltungstrakt (Sekretariat, Krankenliege) versorgt werden, sind zu beaufsichtigen bzw. in angemessenen Abständen nach ihrem Befinden zu befragen. Wird es notwendig, die Erkrankten nach Hause zu schicken, müssen grundsätzlich die Angehörigen benachrichtigt werden. Diese haben dafür Sorge zu tragen, dass das Kind unverzüglich von einer Vertrauensperson abgeholt wird. Eine Liste der Telefon- und Notfallrufnummern der Schülerinnen und Schüler ist im Sekretariat hinterlegt.

Richtlinien für das Lehrpersonal Teil 4

Umgang mit Krisensituationen

An jeder Schule können unterschiedliche schwerwiegende Krisensituationen auftreten wie beispielsweise Unfälle, Brände, Drohung mit Sprengsätzen, Geiselnahmen oder Amokläufe. Die in solchen Fällen zu ergreifenden Maßnahmen können nicht bis ins letzte Detail im Voraus geplant werden, sondern sind auf die jeweilige Situation anzupassen. Ein Ordner mit den entsprechenden Unterlagen sollte sich im Lehrerzimmer befinden. Folgende Grundsätze gelten jedoch in allen Krisensituationen:

> ➤ Opferbetreuung vor Täterermittlung
> ➤ Personenschutz vor Sachschutz
> ➤ Personenschutz vor Täterermittlung
> ➤ Niemand darf sich unnötig in Gefahr begeben
> ➤ Polizei oder Feuerwehr übernimmt die Leitung vor Ort

Je nach auftretender Krisensituation ist es entweder notwendig, das Schulgebäude zu evakuieren oder mit den zu schützenden Personen im Klassen-, Fach- oder Funktionsraum zu bleiben.

Evakuierung des Schulgebäudes

Bei Alarm sind die Räume des Schulgebäudes sofort zu verlassen. Die Lehrkraft schließt die Fenster und nimmt das Klassenbuch an sich. Die Klassen bzw. Lerngruppen verlassen geordnet und ruhig den Klassenraum. Die Lehrkräfte verlassen als Letzte den Raum und schließen die Türen. Die Klassen werden zum jeweiligen Fluchtausgang geführt. Nach Erreichen des Sammelplatzes stellen die Lehrkräfte umgehend die Vollzähligkeit fest und melden dies der Schulleitung. Daraufhin gibt die Schulleitung der Einsatzleitung von Feuerwehr und / oder Polizei eine Rückmeldung über die Vollzähligkeit. Somit erhält die Feuerwehr und / oder Polizei schnell einen Überblick über evtl. fehlende Personen. Die Rückkehr ins Gebäude erfolgt erst auf Anordnung der Schulleitung.

Verbleiben in den Räumen bei Krisensituationen

In einigen Krisensituationen wie beispielsweise Amokläufen kann Sicherheit am ehesten gewährleistet werden, wenn sowohl die Schülerinnen und Schüler als auch das Schulpersonal in den Räumen verbleiben. Die Information über eine derartige Krisensituation erfolgt über die schuleigene Lautsprecheranlage, mit der alle Unterrichtsräume erreicht werden können. Dabei müssen ggf. Türen verriegelt und blockiert werden. Schülerinnen, Schüler und Lehrkräfte sollten sich dann von Fenstern und Türen fernhalten und Deckung suchen. Weitere Anweisungen sind abzuwarten.

Erlebnisse aus einer Klassenfahrt

Und nun?

Nun mag sich zu Recht ein jeder wohl die Frage stellen: „Wie kann ich all dieses Wissen auch praxisnah anwenden?". Wer jedoch jetzt an dieser Stelle eine exakte Antwort erwartet, den muss ich leider enttäuschen. Warum dies so ist, möchte ich natürlich gern erklären.

Seit vielen Jahren werde ich von Schulklassen, Gruppen oder den unterschiedlichsten Vereinen und Institutionen gebucht, die sich da wünschen, ein Team Begleitendes Projekt über mehrere Tage in Anspruch nehmen zu können. Diese Inanspruchnahme bzw. die direkte Vermittlung läuft auch in meinem Berufsbild direkt über unser Büro Team im KiEZ Frauensee (Ein Dankeschön an dieser Stelle für eure wertvolle Arbeit).

Somit habe ich zwangsläufig keinen, oder nur selten Kontakt mit der jeweiligen Gruppe in der Anfangsphase. Denn jede dieser Gruppen kann zwischen zweierlei Projekte entscheiden, deren genauer Ablaufplan in Broschüren präsentiert wird. Hier trifft das Lehrpersonal selbst die Entscheidung, was zweckmäßig erscheint und für die jeweilige Gruppe förderlich ist.

Nur wenige direkte einzelne Gespräche zwischen dem Lehrpersonal und meiner Person, ergeben sich via Mail oder Telefon, noch vor direktem Reisebeginn zu uns. Und genau darin liegt meine stetige Herausforderung.
Ich kenne somit die einzelnen Schulklassen oder Gruppen in keiner Weise. Keine weiteren Informationen im Vorfeld über Gewohnheiten, eventuelle Probleme, Zielsetzungen oder Wünsche.

Das einzige, was ich vorher weiß ist, um welche Altersstufe es sich handelt und wie viele Teilnehmer es sind. Und zudem die Tatsache, dass wenn man „mich" Bucht, der dringende Wunsch besteht, dass etwas auf der Teamtechnischen oder Gewaltpräventionsfördernden ebene getan wird.

Nur mit diesen wenigen Informationen starte ich jedes Mal in ein neues Abenteuer, ohne zu wissen, was mich wirklich erwartet. Natürlich könnte ich sagen, es lässt sich doch ganz einfach alles im Vorfeld schon klären, um an mehr Informationen zu kommen.

Ich jedoch muss sagen, dass sich diese Arbeitsweise am besten bewährt hat. Mit einem „Zero Wissen" der Gruppe zu begegnen, ist die für mich beste Methode um die essenziellen Dinge genauer bewerten zu können, ohne im Vorfeld von irgendetwas eingenommen zu sein. Ich mache mir also ein persönliches Bild und das von jedem einzelnen.

Nachfolgend eine kleine und „nicht ganz ausführliche Beschreibung" einer Klassenfahrt. Eine exakt geführte Beschreibung solch einer Klassenfahrt, würde hier den Rahmen sprengen und ist einfach zu Umfangreich.

Tag „Eins"
„Aufbrechen von Gewohnheiten"

Zu Beginn eines jeden von mir persönlich durchgeführten Projektes, steht natürlich immer eine Begrüßung an. Bei dieser Begrüßung geht es jedoch nicht um meine Person, sondern vielmehr um den Inhalt und das Ziel welches es anzustreben gilt.

Zu meiner Person gebe ich am Anfang nur kurz wenige Dinge bekannt, denn auch hier gebe ich der Gruppe selbst die Möglichkeit, dass sie mich auch so im Verlauf des Projektes besser kennenlernen können und werden.

Meist beginnt diese Begrüßung am Nachmittag, nachdem die Gruppe noch ausreichend das Mittagessen genießen und in Ruhe ihre Zimmer beziehen konnten. Nach Bekanntgabe des Projektinhaltes und der Zielsetzung sind für mich in dieser ersten Phase zwei Dinge wichtig. Zum einen, dass ich erst einmal die Gruppe etwas näher kennenlernen möchte bzw. kennenlernen muss. Und zum anderen mit dem Bewusstsein zu arbeiten, dass ich die Gruppe bzw. jeden Einzelnen nur dann erreichen kann, wenn ich ihre Gewohnheiten aufbreche und die Gruppendynamik analysiert habe.

Hierzu nutze ich als Erstes ein kleines Teamtraining. Dafür sind jedoch keinerlei extrem große Aufwendungen oder Materialschlachten notwendig, um eventuell gleich im Vorfeld die Gruppe zu beeindrucken, damit sie am Ball bleiben und alles mitmachen. Im Gegenteil. Zauberwort „Rucksack-Pädagogik". Alles, was in meinen Rucksack an Materialien hineinpasst, soll auch ausreichend sein, um die Gruppe für die nächsten zwei Stunden erfolgreich beschäftigen zu können.

Nachdem ich einen geeigneten Platz gefunden habe auf dem großen Areal des KiEZ Frauensee, bitte ich um zwei Freiwillige ohne das sie wissen, was sie erwartet. Ihre Aufgabe besteht einzig und alleine darin, die Gruppe in zwei kleine Gruppen aufzuteilen. Dabei sollen sie beachten, dass sie eigenständig ihre Entscheidungen treffen, wen sie dazu Personen auswählen und sich bei der Auswahl auch keinesfalls beeinflussen lassen dürfen.

Schon an dieser Stelle kann ich in wenigen Zügen die ersten aufschlussreichen Beobachtungen machen. Wer ist zum Beispiel „Rudel Führer", wer lässt sich bitten, wer wird ausgegrenzt und am liebsten gar nicht gewählt und wie stark lassen sich doch einzelne in ihren Entscheidungen beeinflussen, obwohl sie es nicht sollten. Für mich persönlich viel Wissen in wenigen Minuten um über die Gruppe bzw. den einzelnen schon etwas sagen zu können. Anschließend beginnen wir mit der ersten von drei verschiedenen Team Aufgaben.

Erste Aufgabe

Für die erste Aufgabe legte ich ein Seil auf den Boden und bat die aufgeteilten Gruppen darum sich so zu positionieren, dass sie sich am Seil entlang gegenüberstehen. Auch in diesem Augenblick machte ich die erneute Beobachtung, dass es sofort Äußerungen gibt wie zum Beispiel: „Wir sind die Besseren" oder „Wir werden gewinnen".

Mit einer Vielzahl von Glasuntersetzern (auch als Bierdeckel bekannt) in meiner Hand, erkläre ich die erste Aufgabe mit folgendem Wortlaut:

„In meinen Händen halte ich diese Untersetzer und damit passiert Folgendes. Jede Gruppe bekommt einen gleich großen Stapel. Diesen jeweiligen Stapel werde ich im jeweiligen Spielfeld auf dem Waldboden Verteilen. Auf der einen Seite des Seiles ist ein Spielfeld und auf der anderen Seite logischerweise ebenfalls ein Spielfeld. Beide zusammen ergeben ein großes Spielfeld und das Seil in der Mitte dient ausschließlich als Markierung.

Auf Kommando das ich euch gebe, Sammeln alle so viel wie möglich von den Untersetzern auf und werfen diese so weit wie möglich in das andere Spielfeld der gegenüber liegenden Gruppe. Es werden immer wieder erneut Untersetzter aufgesammelt und geworfen bis ich beginne laut und deutlich von fünf rückwärts zu zählen, laut und deutlich „stopp" rufe mit der Regelung, dass dann keinerlei Untersetzer mehr geworfen werden. Und zum Schluss wollen wir alle einfach nur mal schauen, wo liegen dann die wenigsten und wo liegen die meisten Untersetzer. Mehr nicht! Und ganz wichtig, es ist ein Team Spiel, ihr alle Arbeitet nicht gegeneinander, sondern miteinander.

Folgende Prozesse spielen sich im Verlauf der Aufgabe ab:

- hektisches aufsammeln und schnell auf die gegenüberliegende Seite werfen, teilweise in einem sehr „aggressiven" verhalten
- der Versuch sich dabei gegenseitig abzuwerfen
- Untersetzer in einen Bereich zu werfen, wo sie niemand mehr erreichen kann
- nach dem Stopp Signal wurden weitere Untersetzter dennoch geworfen
- streit entsteht automatisch und bewirkt einen Konflikt in der Gruppe

Anschließend bitte ich darum, alle Untersetzter einzusammeln und diese zu mir gebracht werden, wobei ich meine Handflächen einfach ausstrecke und die Gruppen diese „automatisch getrennt voneinander" auf diese als Stapel legen. Sofort wurde von der Gruppe ausdiskutiert, wer gewonnen und wer verloren hat. Diese Aufgabe wurde anschließend ein zweites Mal durchgeführt und ich verwies mit folgendem Wortlaut noch einmal darauf hin:

„Überlegt bitte noch einmal ganz genau. Ihr arbeitet als Team miteinander und nicht gegeneinander. Am besten ihr stellt euch alle zusammen und redet miteinander, wie ihr zusammen in der zweiten Runde gemeinsam zu einem besseren Ergebnis gelangen könnt!"

Erfahrungsgemäß erfolgen die gleichen Prozesse im Ablauf wie in der ersten Runde. Anschließend lege ich beide Stapel von Untersetzern übereinander und äußerte gegenüber der Gruppe, dass zu dem was hier gerade passiert und geschehen ist, ich erst einmal ganz bewusst nichts sage. Eine Auflösung dazu später erfolgen wird und wir bereits mit der nächsten Aufgabe weitermachen.

Zweite Aufgabe

Aus meinem Rucksack hole ich zwei Zeltplanen von der Bundeswehr.

Im Wortlaut dazu folgende Aufgabenstellung:

„Ihr erhaltet von mir diese Zeltplanen oder auch Zeltbahnen genannt. Wir bauen jetzt allerdings kein Zelt damit auf, denn eure Aufgabe ist folgende. Wenn ihr diese Zeltbahnen von mir erhalten habt, sollt ihr diese ausbreiten, aneinander auf den Boden legen und anschließend habt ihr eine Minute Zeit um euch zu beraten. Sobald von meiner Seite aus das Startkommando ertönt, macht ihr bitte Folgendes. Ihr stellt euch alle auf diese Planen gemeinsam darauf."

„Und ab diesem Zeitpunkt darf niemand mehr diese verlassen und auf irgendeiner Art und Weise noch den Waldboden berühren. Und trotz alldem, sollt ihr diese Planen unter euren Füßen so klein wie möglich zusammenfalten, ohne dass jemand dabei den Boden berührt. Sollte dies dennoch geschehen, müsst ihr noch einmal von vorn beginnen. Die Aufgabe geht so lange, wie ihr selbst der Meinung seid, dass es nicht mehr weitergeht. Dann gehen alle gemeinsam von der Plane herunter und zum Schluss wollen wir schauen, wie weit ihr gekommen seid. Auch hier gilt wieder, ihr Arbeitet als Team nicht gegeneinander, sondern miteinander!"

Folgende Prozesse spielen sich im Verlauf der Aufgabe ab:

- ➢ wieder hektisches agieren (zwang sich beeilen zu müssen)
- ➢ jede Gruppe rennt in eine andere Richtung
- ➢ die Gruppe stellt sich automatisch unter Druck
- ➢ einigen fangen an zu schauspielern und lassen sich mit Absicht fallen und berühren so den Waldboden
- ➢ andere werden mit Absicht herausgeschubst
- ➢ gegenseitiges Festklammern
- ➢ sich daran orientieren wie andere es machen
- ➢ starkes diskutieren wie die Aufgabe zu meistern sei

Je nachdem wie die Aufgabe abläuft bitte ich im Anschluss wieder darum, dass ich zum Verlauf der zweiten Aufgabe ebenfalls vorerst nichts sage und eine Auswertung dazu später erfolgt.

Dritte Aufgabe

Aus meinem Rucksack hole ich zwei Statik-Seile und erkläre mit folgendem Wortlaut die Aufgabe: „Ihr erhaltet von mir diese Seile. Beide Seile sind gut zwanzig Meter lang und sehr belastbar. Denn ihr sollt mit Hilfe dieser beiden Seile und mithilfe von zwei Bäumen euch eine Seilbrücke Bauen!"

Ich erkläre der Gruppe das sozusagen die Vorstellung darin besteht, dass zwischen zwei Bäumen ein Fluss fließt, über welchen wir eine Brücke bauen wollen, damit wir zukünftig immer über den Fluss kommen, ohne nasse Füße zu haben. Die Aufgabe gilt dann als erfüllt, wenn wenigstens 5 Personen über die Brücke kommen, ohne dass sie Kontakt zum Boden hat und durchhängt. Auch hier gilt, dass alle miteinander und nicht gegeneinander arbeiten.

Folgende Prozesse spielen sich auch hier im Verlauf der Aufgabe ab:

➢ wieder erneuter innerer Druckaufbau und sich selbst unter Stress stellen
➢ kein genaues zuhören, um die eigentliche Aufgabenstellung zu verstehen
➢ dabei werden schon Bäume ausgesucht, obwohl die Aufgabe noch nicht komplett erklärt wurde
➢ Aufnahme der Seile vom Boden und ausprobieren von Knoten
➢ viele Diskussionen wo ein jeder versucht dem anderen seine Idee klarzumachen und es zwangsläufig Lauter wird und jeder den anderen versucht zu übertönen
➢ beide Gruppen teilen sich auf und jeder rennt in eine andere Richtung, ehe man sich einig ist
➢ es entstehen lauten Behauptungen wie: „Ihr guckt ja ab und macht uns alles nach."

Nach einer gewissen Zeitphase und unabhängig, ob die Aufgabe erfüllt wurde oder nicht, bitte ich alle zu mir verbunden mit der Aufgabenstellung sich hinzusetzten und mir bitte für einen Moment zuzuhören.

Die Auflösung

Noch genau in dem Moment als die Gruppe zusammenkommt, gibt es meist ein intensives Diskutieren, welches man als eine „voreilige Auswertung untereinander" bezeichnen kann, in der ein jeder sich sein eigenes Urteil bildet. Das daraus folgende Resultat ist ein Wirres aneinander vorbeireden ohne das der andere wirklich dabei zuhört und ein jeder separat zu Wort kommen kann. Selbst in dem Augenblick, in dem alle Platz gefunden haben und ich das Wort ergreifen möchte.

Mit etwas Ruhe und Geduld fügt sich alles irgendwann und auch ich bekomme die Chance und kann beginnen.

Ich mache der Gruppe klar, dass das, was hier gerade absolviert wurde, ein „Team- und Bewusstseinstraining" war in welchem mehr geschehen ist, als das es sich der einzelne wirklich bewusst ist.

So gehe ich noch einmal umgehend auf das Begrüßungsgespräch ein, in welchem ich erklärt habe, worum es geht und was mir persönlich für den Verlauf des Projektes wichtig ist und weswegen wir zusammengekommen sind. So stelle ich an dieser Stelle explizit die Frage, wer mir denn genau erklären kann, was das eigentliche Ziel der einzelnen Aufgaben war?! Es wurde von allen fast Chorartig geantwortet, dass es ja darum geht ein gutes Team zu sein und man ja gemeinsam Lösungen für die Aufgaben finden möchte, die gestellt werden.

Anschließend erklärte ich den Kids, was ich im Einzelnen Beobachtet habe und stelle dazu folgende Fragen:

Wie war das bei der ersten Aufgabe? Haben sich dort eigentlich alle an die von mir vorgegebenen Regeln gehalten? Warum wurden dennoch Untersetzer weiter geworfen, obwohl ich schon „Stopp" gerufen habe? Warum habt ihr euch gegenseitig von der Plane geschubst? Warum habt ihr euch gegenseitig angeschrien und behauptet, dass die eine Gruppe von der anderen Gruppe ja Abgucken würde und man ja alles nur nachmacht?

Auf all diese Fragen bekomme ich die unterschiedlichsten Antworten, welche ich an dieser Stelle natürlich nicht alle wiedergeben kann.

Aber selbst nach all den Jahren bin ich immer wieder überrascht, dass sich jede einzelne Gruppe tief im inneren durchaus bewusst ist, worum es geht.

Es ist natürlich richtig, wenn ich durch die gestellten Aufgaben bewusst einen Konflikt hervorrufe, der die Gruppe schnell an ihre Grenzen bringt und sich die Frage gestellt wird: „Und das soll ein Teamtraining sein?"

Dann gehe ich auf meine weiteren Beobachtungen ein und hab erklärt, dass ich trotzt der sich ergebenen Schwierigkeiten sehr begeistert bin von dem Einfallsreichtum an Ideen, um die Aufgaben zu bewältigen. Dennoch stelle ich nochmals die Frage, warum sich die Dinge so negativ entwickelt haben und warum es so viele Streitigkeiten gab? Als Antwort gebe ich an: „Die Probleme gab es deshalb, weil niemand dazu bereit war dem anderen in Ruhe zuzuhören. Und habt ihr denn eigentlich auch wirklich mir zugehört?" Alle sagen natürlich „Ja" wobei ich dies natürlich gleich Verneine. Von allen kam dann die Frage nach dem warum?

Meine Antwort:

„Als ihr die erste Aufgabe absolviert habt und ich am Ende der Aufgabe euch darum gebeten habe alle Untersetzer einzusammeln und diese zu mir zu bringen, habt ihr sie mir getrennt voneinander auf meine Handflächen gelegt. Gleich danach kam die Aussage von euch, dass die eine Gruppe gewonnen hat und die andere verloren hat, weil der eine Stapel natürlich kleiner ist als der andere. Aber habe ich hier etwas vom Gewinnen oder verlieren erzählt? Dass es genau darum geht? Nein! Ich habe einzig und alleine zu euch gesagt, dass wir zum Schluss einmal schauen wollen, auf welcher Seite liegen die meisten Untersetzer und wo liegen die wenigsten. Mehr nicht! Kein Wort davon wer Gewinner oder Verlierer sein wird."

„Bei der Aufgabe mit der Zeltplane habt ihr ein wichtiges Wort, das ich sogar noch betont habe, vollkommen ausgeblendet. Ich sagte ganz bewusst: Legt die Zeltplanen bitte aneinander auf den Waldboden! Was habt ihr gemacht? Beide Gruppen haben sich voneinander getrennt und jede hat für sich gearbeitet mit dem Ergebnis, dass ihr euch gegenseitig sogar angeschrien habt, voneinander abzugucken."

„Bei der dritten Aufgabe solltet ihr mit der Hilfe der zwei Statik-Seile und mithilfe von zwei Bäumen euch eine Seilbrücke bauen! Niemand hat etwas davon gesagt, dass ihr euch zwei Brücken bauen sollt. Auch hier solltet ihr zusammenarbeiten."

„Einzig und alleine lag alles daran, weil ich euch in zwei Gruppen aufgeteilt habe, damit man die erste Aufgabe überhaupt erfüllen kann und zwischen euch ein Seil lag, ihr beständig im Kopf die Illusion hattet, dass ihr gegeneinander Arbeiten sollt. Und das, obwohl ich bei jeder Aufgabe es sogar noch betont habe, dass ihr miteinander arbeitet und nicht gegeneinander!"

„Alles im Leben hängt damit zusammen, wie wir anderen Menschen begegnen und wie wir mit ihnen umgehen. Der Schlüssel zum Erfolg ein gutes Team zu sein bedeutet in erster Linie, dass man dem anderen auch erst einmal in Ruhe zuhört, was er zu sagen hat. Wenn alle aneinander vorbeireden und ein jeder behauptet, dass er alleine die wahre Lösung hat, wird man nie gemeinsam zu einem vernünftigen Ergebnis kommen. Ihr seid als Schulklasse gemeinsam hergekommen und ihr sollt auch als solche gemeinsam wieder nach Hause fahren können. Als Team!"

In dem Moment wurde sich der Gruppe schlagartig bewusst, was genau hier geschehen ist und die Probleme einzig und alleine in der Kommunikation lagen.

Darüber hinaus gab es noch einige Worte von meiner Seite aus, wie man das zukunftsweisend ändern könnte, um einen besseres Klima zu schaffen, woran ein jeder teilhaben soll und kann.

Tag „Zwei"

„Feedback und Unterbewusstsein"

Am zweiten Tag startete ich mit einem Outdoor-Programm. Nach der Begrüßung am frühen Morgen entführte ich die Gruppe erst einmal in den Wald zu einem kleinen „Survivaltraining". Darüber ist die Freude natürlich sehr groß und alle sind sehr gespannt.

Ich gehe aber ganz bewusst keineswegs auf das ein, was am Tag davor geschehen ist und sage nur, dass es im Wald da draußen eine „Team Aufgabe" geben wird und ich auf dem Weg dorthin so einige Sachen zeigen und erklären werde, was es so in der Natur gibt.

Ich zeigte der Gruppe, mit welchen Hilfsmitteln man sich die Zähne in der Natur putzen kann, wo man Wasser findet und wie man es Trinkbar macht, oder welche Pflanzen genießbar sind und welche nicht. Auch ein paar Proteine haben ihren Weg in unsere Bäuche gefunden. Viel Spaß und großes Staunen was die Natur alles so bietet. Begeisterung pur bei allen.

Am Zielort angekommen, erklärte in kurzen Schritten, wie man sich in der Natur einen „Shelter" als Notunterkunft für die Nacht baut. So teilte ich die Klasse in kleine Gruppen auf und erklärte, dass jede Gruppe selbst, sich ihre eigene Notunterkunft bauen muss.

Fleißig starten alle sofort durch. Sammelten vielen Materialien und bauten die tollsten Dinge. Nach einem längeren Zeitraum ging ich rum, gab noch Tipps und Tricks und was man so vielleicht noch verändern könnte. Zum Schluss waren alle sehr stolz auf ihre Meisterwerke.

Und auf meine Frage hin, ob allen noch etwas Besonderes aufgefallen sei, bekomme ich ein „Nein" zu hören und sich alle gegenseitig fragend anschauen. „Ich habe euch vorhin in fünf Gruppen aufgeteilt. Alle haben fleißig die Aufgabe erfüllt. Es gab keine Streitereien. Niemand hat etwas Böses gesagt und jeder hat zum Gelingen der Team Aufgabe seinen Teil dazu beigetragen. Ihr wart ein Team durch und durch und das auch ohne, dass ich euch daran erinnern musste eines zu sein.

Wie kommt das?" Die Antwort: „Weil wir eine tolle Klasse und ein tolles Team sind und so etwas wie gestern nicht noch einmal passieren soll!"

Die Kids haben sich also in ihrem Unterbewusstsein klargemacht, dass der heutige Tag anders ablaufen muss, wie der gestrige Tag. Und das alles ohne sie daran erinnern zu müssen. Meinem Ziel bin ich so einen großen Schritt nähergekommen!

Tag „Drei"
„Erlebtes und wie man damit umgeht"

Der dritte Tag startet nach der Begrüßung in meiner Kampfkunstschule. Ein Raum, in dem es so vieles zu entdecken gibt und erst einmal für eine Menge Gesprächsstoff sorgt. Viele Fragen muss ich erst beantworten, bevor ich selber eine stellen kann: „Warum seid ihr jetzt hier und was hat das alles mit euch zu tun?"

Die meisten antworten natürlich darauf hingehend, dass wir jetzt Selbstverteidigung lernen! Ich begrüße diese Antwort und gehe dabei genau auf das ein, was ich am ersten Tag bei der Klasse erlebt habe. Wie sie sich gegenseitig begegneten und wie sie miteinander umgegangen sind. An praktischen Beispielen erkläre ich die Ursachen dafür und gebe somit nochmals Rückschluss auf die Erlebnisse vom ersten Tag.

Ich beschreibe der Gruppe, dass ich einen gewissen Effekt beobachtet habe, der einem Rudel Wölfe gleicht. Einer Schreit los „Die anderen gucken von uns ab" und sofort schreien alle anderen im Chor einfach mit, ohne sich vorher eine eigene Meinung zu bilden.

An einem anderen Beispiel zeige ich, dass sie untereinander kein gutes und notwendiges Distanzgefühl zueinander haben und sich dadurch selber einiges schwerer machen. Ich mache ihnen bewusst, dass jeder seinen Freiraum braucht und man diese Dinge nur verändern kann, wenn man selber „Achtsamkeit" übt und bei sich selbst beginnt. Viele weitere praktischen Übungen rundeten das ganze Programm komplett ab.

Und so gehen mit viel Spaß drei tolle Tage vorbei. Wobei sich alle einig sind, dass es viel zu schnell vorbeiging und man gerne noch länger bei „Danny" bleiben möchte. Denn: „Er macht so coole Sachen mit uns!"

Der Autor

Danny Koch
Geb. 1979

Beruflich als Fachsportpädagoge und Präventionstrainer im Bereich Kampfkunst und Kampfsport, sowie als lizenzierter Ausbilder für Überlebenstraining tätig.

Seit 2004 leitet er erfolgreich spezielle Projekte im KiEZ Frauensee mit den Bereichen Teamtraining und Gewaltprävention. Vermittelt so soziale Kompetenzen und lebt Werte selber authentisch vor.

Kampfkunst- und Kampfsporttraining seit 1990, Survivaltraining seit 1995.

Leiter des „Institut für Jugendförderung."

Diverse Graduierungen, Ausbilderqualifikationen und Lizenzierungen in verschiedenen Kampfkünsten, Kampfsportarten und speziellen Ausbildungsgebieten.

Partner und Ausbilder der Martial Arts Association – International.

Lehrer und gleichzeitig Schüler mit dem Sinn, für die wirklichen Werte des Lebens.

„Alles im Leben hängt damit zusammen wie wir anderen Menschen begegnen und wie wir mit ihnen umgehen"

Danny Koch